Mensch Meier
so ist das Leben...

Gereimtes für
Geübte und Ungeübte

Hans (HAPO) Poppitz

Na also...

Und ich dachte mir, warum denn nicht, setz
dich mal hin an einen Tisch,
und versuche ein wenig das trübe Weltbild zu
retten,
mit Reimen und Sprüchen in verschiedenen
Facetten,
In diesem Buch gebunden, soll es Sie erreichen,
das Trübe aus Ihrem Leben streichen.
Ein hintergründiger feiner Humor,
verstehen Sie ihn bitte richtig,
schaut zwischen all meinen Zeilen hervor.
Ich hoffe, dass Ihnen das Lesen ebenso viel Freude
macht,
wie mir, als ich mir dies habe ausgedacht.

Der Autor

Dieses Buch ist alltagstauglich, Ähnlichkeiten mit
lebenden Personen sind rein zufällig, aber gewollt.

Bei evtl. Nebenwirkungen befragen Sie bitte
Ihren Arzt oder Apotheker.

Bibliografische Information der Deutschen
Nationalbibliothek:
Die Deutsche Nationalbibliothek verzeichnet
diese Publikation in der Deutschen
Nationalbibliografie; detaillierte bibliografische
Daten sind im Internet über dnb.d-nb.de
abrufbar.

Umschlaggestaltung, Herstellung und Verlag:
BoD – Books on Demand, Norderstedt

ISBN: 978-3-7568-6339-6

Vor dem Lesen dieses Werkes wird ausdrücklich gewarnt: **Suchtgefahr!**

Wie arm und doch so reich ist das Leben
eines Poeten.

Der arme Poet...

Ich bin ein armer Poet so wie auf Spitzwegs Bild,
habe nichts... doch ich bin gewillt,
die Menschen zu bewegen, zu unterhalten,
das bringt zwar nicht viel Bares,
doch es glättet die Sorgenfalten.

Fällt mir einmal gar nichts ein,
bastel ich stundenlang an einem Reim.
Leichtigkeit, Sinn soll er machen,
und ich möchte, dass die Menschen lachen,
über manchen Blödsinn aus meiner Feder,
versteht den Sinn auch nicht gleich jeder.

Mein Humor ist leicht hintergründig,
begreif ihn richtig, so wirst du fündig,

Dann wird der Tag zu dir recht freundlich sein.
aus Wolken strahlt dann **Sonnenschein**.

Als ich noch ein Undichter war...

Ich kam zur Welt, war noch sehr jung,
Aus dieser Zeit fehlt mir die Erinnerung.
Wie andere meines Alters, war ich noch nicht
berühmt, auch nicht bekannt,
der Blick reichte gerade über den Tellerrand.

Mein Lebensziel war dann das Dichten,
das Schreiben von Versen und Geschichten.
Wie Goethe und Schiller und die anderen Großen,
aber noch trug ich ja die Windelhosen.

Dem Zweck geschuldet waren sie meist nass,
da macht das Dichten keinen Spaß.
Im Lauf der Jahre war ich dann fast trocken.
Die Dichtkunst tat mich wieder locken.

Ich kramte Gereimtes und Ungereimtes hervor,
so entstand ganz nebenbei mein trockener Humor.
Dichter ist man eben, wenn man nicht ganz dicht ist.

Und ein gnadenloser Humorist.

Geistesblitze sind meine Hirngeschütze

Ab und zu hab ich Geistesblitze,
mal sind sie ernst, mal sind es Witze,
da nehm ich gerne mich selbst auf die Schippe,
in Form von einem Wortgerippe.

Doch am schönsten blitzt die Fröhlichkeit,
gerade in unserer nicht immer schönen Zeit.
Humor ist, wenn man trotzdem lacht,
denn wir sind aus hartem Holz gemacht.

Humor ist nicht nur auf die Schenkel klopfen,
nein, auch so still wie ein Wassertropfen.
Wir sollten dankbar sein für den Humor, diese Gabe,
von der ich hier berichtet habe.

Auf die kommende Zeit ein nicht ganz so ernster
Blick, öffnet Neugier nach vorn und den Dank an das
Zurück.

Wie ein Gedicht entsteht
oder die Bierologie frei nach Schäksbier...

Ich sitze hier und schwitze,
ist kein Wunder bei der Hitze,
ich sitze hier und dichte,
ein paar Verse, ein paar Reime, nur ganz schlichte.

Ich sitze hier und trinke Bier,
aber kein flüssig Verslein und kein Reim,
fällt mir jetzt dazu nicht ein.
Das einzig flüssig Gute hier,
das ist und bleibt mein gutes Bier.

Da muss ich nicht viel denken, nur schlucken.
Aber fünf bis drei Biere zeigen langsam Wirkung,
nach Dichterruhm steht mir der Sinn,
ist diese Kunst auch ohne jeglichen Gewinn.

Gewonnen hab ich aber doch, ich der Dichter
brauch keinen Reichtum, bin ein stiller Verrichter,
freue mich an meinen Wortgebilden, an den
Reimen, die oft im Traume mir erscheinen.

Aber gibt es dafür auch kein bares Geld,
führen sie doch in eine andere Welt.
Eine Welt in der man gerne lacht.
Was den armen Dichter **glücklich** macht.

Dichten ist eine von den Gottesgaben,
die nicht alle Menschen haben.

Der alternde Dichter

**Freund Hein tu deine Pflicht, aber
mich bekommst du noch lange nicht !**

Der Morgen lacht dem Dichter ins Gesicht,
sagt, setzt dich hin und schreibe ein Gedicht.
Die Gedanken laufen Marathon,
er sieht sein Werk als Ganzes schon.
Doch der Alltag ruft, er wird abgelenkt,
von dem was ihm die Muse schenkt.
Er vergisst sich in den Pflichten,
beim Alltäglichkeiten zu verrichten.
Doch am Abend hat er Ruh zum bleiben,
er denkt, was wollte ich am Morgen nur schreiben,
weiß nichts mehr, was so spontan begann,
als er die Fäden fürs Gedicht'chen spann.

Früher waren die grauen Zellen
zuverlässig beim Erstellen,
beim Erinnern, beim Reimen und beim Dichten,
jetzt fehlt plötzlich der berühmte rote Faden,
eine von des Dichters höchsten Gaben.

Doch plötzlich sieht er beim Erinnern,
das zarte Wortgebilde schimmern,
sichtlich erleichtert erkennt der Literat,
nichts muss er sich und der Welt beweisen,
er gehört noch lange nicht zum alten Eisen.

Seelentröster, bester Freund, Krankenpfleger,
Beschützer, treu ergeben und vieles mehr ist es
wert, dass ihn der Dichter einmal ehrt.

Mein Hund

Er ist mein Freund, ein guter echter,
der bei mir ist, geht es mir mal schlechter.
Er hört auf bei Fuß, oder auch auf sitz,
nur lachen kann er nicht, mach ich mal'n Witz
Er ist treu und ohne Vorbehalt,
wärmt meine Seele, ist mir mal kalt.
Mein Hund weiß meine Eigenheiten,
und kennt auch meine Heimlichkeiten.
Zuverlässig bellt er nichts hinaus,
so ist er uns doch weit voraus
Gerate ich mal in Gefahr
wird er versuchen mich zu retten.
Nichts hält ihn ab, auch keine Ketten.

Er hat auch seine Fehler,
und wenn ihm mal was nicht gelingt,
dann ist er traurig,
sein treuer Blick der mich durchdringt
sagt:
    Ich bin doch schließlich auch nur ein Mensch.

Ein nicht ganz armes Schwein

Es war einmal ein armes Schwein, das war so einsam,
so allein.
Es sehnte sich, das versteht wohl jeder, nach
einem Eber.

Nicht irgend einer, schön soll er sein und stark, so
war es gedacht,

Es kamen drei, das Schwein zu freien,
doch gefiel ihm keiner von den Dreien.

Der Erste stank ganz arg nach Mist, wie das bei Ebern
mal so ist.
Der Zweite roch schon etwas besser,

Der Dritte aber war Einer, wie könnte es anders sein,
also in jeder Hinsicht ein rechtes Schwein.
Da möchte ich. dachte sich die Sau, lieber keinen.

Doch dann verführte sie Hannibal der starke Eber,
der Storch biss sie ins Beinchen,
da gab es viele Ferkelschweinchen.

Halt, das war vom Erhardt Heinz,
aber sonst der ganze Rest, das war mein's.

Püppi das kleine Hündchen

Püppi war ein kleines Hündchen,
trug auf dem Kopf ein buntes Bündchen.
Wenn es bellte klang das wie der Pieps vom Spatz,
sehr zur Freude von Mieze Katz.
Sie sprang heran, den kleinen Hund zu jagen,
ihn zu foltern und zu plagen,
Püppi piepste laut, die Katze stoppte,
wer war von Beiden jetzt der Gefoppte.
Das muss ich ändern dachte Püppi
und begann zu lernen wie man richtig
furchterregend bellt,
denn nur wer bellt, kommt durch die Welt.
Bei der nächsten Katz Attacke merkte die,
der Spatz das ist das Hundevieh, sie zog den Schwanz
ein, floh aus dem Zimmer,
Püppi dachte Fremdsprachen lohnen sich
doch immer.

**Wenn man an den Nil fährt,
trifft man bestimmt ein Nilpferd.**

Das Nilpferd

So dachtest du, es ist nicht verkehrt,
leih ich zum reiten mir mal ein Pferd.
Und willst am Nil du reiten gehen,
dann schau wo die Nilpferde stehen.
Wiederkäuend und mit breitem Maul,
tonnenschwer, aber es ist kein Gaul.
Und wenn du etwas weiter denkst,
war dein Traum doch ein Araberhengst.
Für dieses Ungetüm hier am Nil
ist der Name Pferd der Ehre wohl zu viel,
Das Reiten kannst du für heute vergessen,
bist ja auch noch nie auf einem Nilpferd gesessen.

Schlussfolgerung:

*Willst Du am Nil von A nach B sei schlau,
nimm dir liebe eine Dau.*

Das Nas und das Matterhorn
Hier sind die Hörner unter sich...

Ein Nashorn stieg auf's Matterhorn,
um die Welt von oben mal zu seh'n,
es staunte, denn diese Welt ist schön.
Doch störte ihn auf steilem Stege,
sein Horn war permanent im Wege.

Mit dicker Haut und dicken Füßen
stapfte es über Almenwiesen.
Es stieß sich an, mal hier, mal dort,
sein Horn es störte immerfort.

Die Kühe schauten schon recht dämlich,
sie sahen noch nie ein Tier, was diesem ähnlich.
Sie spotteten dem Nasenhorn,
wegen diesem Dings da vorn.

Da sprach das Horn sehr streng zur Kuh,
jetzt höre mir einmal richtig zu:
Tu du mich nicht verdrießen,
sonst wird mein Horn dich aufspießen.
Den Nashörnern rechnet man viel Schlauheit zu.
Zu dir sagt man bloß du dumme Kuh.
Deshalb lass mich meiner Wege zieh'n,
mich zieht es hinauf, zum Gipfel hin.

hinten geht's weiter...

Das Nasenhorn, es stapfte weiter bergwärts
war irgendwann ganz oben,
Es staunte über die vielen Gipfel
zu einem traumhaft schönem Bild verwoben.

Etwas schneller ging es dann zu Tale,
in einem furiosen Schlussfinale
dank dem Schub von jedem Pfund,
Nashörner sind nun einmal schwer und rund.

Wieder unten, erzählt es mit stolzem Ton
und zeigt das Gipfelbild vom
Nas und auch vom Matterhorn.

Ein Nilhorn und ein Naspferd oder wie Nashorn und Nilpferd zu ihrem Namen kamen

Ein Naspferd wälzte sich vor langer Zeit im Nile,
da kam ein Nilhorn als Gespiele,
Sie wühlten und sie suhlten sich im Dreck,
und wie man sieht, Dreck macht Speck.
Das störte die Schwergewichte aber nicht
sie fanden's herrlich, aus ihrer Sicht.
Küsschen hier, Küsschen dort.
Das Naspferd war männlich von Statur,
das Nilhorn weiblicher Natur,
da ließ es sich einfach nicht vermeiden
es wurde mehr zwischen diesen Beiden.
Bald gab es kleine Zwillingshörnchen
etwas schwierig zu benennen,
man befragte die Weisen...
Wie sollen die Nilhornnaspferdchen heißen ?
Für das Eine, bestimmt nicht ganz verkehrt,
fand man den Namen **Nilpferd,**
das andere Zwillingshörnchen, nannte man...?

Überraschung...

natürlich ! **Nashorn,** nicht zuletzt wegen diesem
Dings da vorn.

Jedes ging dann seiner Wege,
sie lebten wild oder im Gehege.

Wir wissen nun, wie es um die beiden steht:
**Das Nilpferd schwimmt,
das Nashorn geht.**

*Auch der Dichter sucht nun das Weite es wartet
schon die nächste Seite,*

Kikeriki...
Wenn der Hahn vom Miste kräht,
ist es meist noch nicht zu spät...

Weil im Frühtau am Morgen keine Hähne mehr
stören, musst du auf so'n kleines Ding, man nennt es
Wecker, hören.
Nun schöner wäre ein Hahnenschrei schon,
denn der erste Schritt in den Tag ist Motivation.
Hörst du aber verschlafen nur dieses schrille **Bing,**
möchtest Du es vernichten das verflixte Ding.

Schön, so ein Kikeriki, wir wollen das auch mal
praktisch sehen und versuchen zu verstehen.
Nun ein Hahn lebt selten allein, er braucht seine
Hühner, die aber brauchen Auslauf,
auch Nester, einen Mist zum kratzen,
einen Zaun der sie schützt vor dem Hund und den
Katzen.

Der Misthaufen aber den der Hahn am Morgen
erklimmt, ist zum Krähen nur für **ihn den Boss**
bestimmt.

Das tut er dann kräftig und von längerer Dauer,
ist's aber genug, den kann man nicht abstellen,
deshalb habe ich seit gestern einen Hund zum bellen.

Nun nimmt das Unheil seinen Lauf ...

Und was geschieht mit unserem gefiederten
Freund ?
Er wird seiner Bestimmung zugeführt,
in die Röhre gesteckt und knusprig gebräunt,
als Brathähnchen er nun einen Teller verziert,
und könnte er denken, dann bestimmt dies:

Ihr habt mich gemordet, das war fies.
geht ihr heute Abend wieder müde in die Kissen,

Morgen werdet ihr mein Krähen vermissen.

So manche Mär, so mancher Reim dreht sich um's

Anglerlatein

Der Angler nennt das Angeln Sport,
ich sage dieses Tun, es ist Mord.
Da schwimmen Fischlein munter,
den Bach mal rauf und auch mal runter
fröhlich ihr Gesang,
Den nur ein Fischlein hören kann.

Doch schon naht der Angler dieser Wicht,
der sagt die Fische singen nicht.
Er wirft die Angel aus, mit Schwung
und großen Haken dran.

Beißt ein Fisch wird er heraus geschleudert,
landet hart dann und mit Schmerzen,
der Angler sich aufs Fischlein stürzt,
sieht es vor sich schon gebraten und gewürzt,
doch plötzlich regt sich das Gute in seinem
Anglerherzen.

Vorsichtig, um es nicht zu verletzen,
tut er das Fischlein wieder ins Wasser setzen.
So hat er heute eine gute Tat vollbracht,
bevor er nach Hause kommt bei Nacht.
Er zeigt seiner Frau stolz seinen Fang.
Bloß Pech, das Preisschild war noch dran.

Sie sind schon eine besondere Plage
an einem heißen Sommertage

Stechmücken

Frau Krause hat eine starke Phobie gegen jedes
Schnakenvieh.
Schwirrt so ein kleiner Stichling ihr ins Zimmer,
wird gewedelt, eine Klatsche wird in Stellung
gebracht,
geht das Insekt nicht freiwillig wieder, wird es noch
schlimmer, vor allem in der Nacht.

Es flattert und brummt um Frau Krause herum,
Schlaf, das kann sie jetzt vergessen.
Sie steht im Bett, total entnervt, summ, summ,
von einem Gedanken nur ist sie besessen.

Das Vieh zu schlagen und zu morden,
die halbe Nacht ist vorbei, es graut der Morgen.
Total erschöpft fällt sie in die Kissen,
da regt sich ganz seltsam ihr Gewissen.

Auch der kleine Stichling hatte eine Familie,
da wird er fehlen, man sucht, und wird sie (Frau
Krause) finden, sie umschwirren und sie stechen,
auf diese Weise tun die Schnaken sich rächen.

Es ahnten die Germanen...

Wohl ahnten unsere Ahnen, ich glaub es waren die
Germanen es ändern sich die Zeiten,
geprägt von Pannen, Pech und Pleiten.
Was heute gut, ist morgen schlecht,
was heute falsch, ist morgen recht.

Bewährtes ist ein Schritt zurück,
schräg sein, ist das ganze Glück
mit dem was hässlich ist aber modern,
schmückt man sich besonders gern.

Vor des Bauers Ackerkrume,
man sich verbeugte, auch vor einer Blume.
Der Acker ist heute als Bauland verdichtet,
das Blumenfeld für immer vernichtet.

Die Bankpolitik macht nur noch Sorgen,
vergeblich der Versuch, etwas zu borgen.
du hast Sicherheiten, auch Immobilienbesitz,
aber mit 70 bist du zu alt, das ist doch ein Witz.

Wäre das alles nicht schon traurig genug.
Es schwindet die Ehrlichkeit, es boomt der Betrug.

Die ersten **Machos** waren die **M**innesänger

Auch im Mittelalter gab es Müßiggänger,
es waren meist die Minnesänger.
Von ihren manchmal schrägen Tönen,
ließen sich die Schönsten der Schönen verwöhnen.

Hingerissen war manch holde Maid,
zu mehr als nur Gesang bereit.
Ergriffen von des Sängers Minne,
schlingt sie ein Seil um Burgfrieds Zinne.

Sie lässt ihn in Ihr Kämmerlein,
Ihr Sinnen ist so her und rein,
das nutzt der Barde aus,
denn für ihn ist sie nur eine Episode,
dies zu erfahren, grämt sie zu Tode.

Man bringt sie ergriffen zur letzten Ruh,
Der Sänger singt ein Lied dazu,
Es hallt zurück aus dunkler Gruft,
doch er bleibt ungeschoren, Schuft bleibt Schuft.

Denn schon am Grab steht ihm der Sinn
zur Schwester der Beweinten hin.
Skrupel hat der Sänger nicht,
er geht wortwörtlich über Leichen
nur um seine Ziele zu erreichen
Auf der nächsten Seite wird es spannend...

Die Maid zu besitzen und zu entehren,
vorzugaukeln es ist Liebe,
dabei sind es nur die Triebe.
Doch die Jahre nagen an den Genen,
vorbei die Minne mit den Schönsten der Schönen,
ein Junger kommt, es ist soweit,
so hat doch alles seine Zeit.

Schlussfolgerung:

Hat der alte Gockel ausgesungen,
dann wird es Zeit für einen Jungen.

Die Moritat vom reichen Ritter

Es herrschte einst ein reicher Ritter,
brachte Feinde um, die Freunde hinter Gitter
Und wer im Verliese angekommen,
wurde mit Ketten an die Wand genagelt,
sein Hab und Gut ihm abgenommen.

Er wurde gedemütigt und entehrt,
sein Leben war jetzt nichts mehr wert.

Ob solche Pein, der Ritter lachte
sein Name: Kunibert der Achte.

Er war bei Hofe sehr galant,
manch schöne Frau bot ihm mehr als nur die Hand,
seine Missetaten wurden verschwiegen,
und so ist es auch bis heute geblieben.

Wer Geld hat, hat auch die Macht,
hört nur, wie der Kuni lacht.

Aber Menschlichkeit, Treue und Liebe,
die wahren ritterlichen Werte, das was zählt,
bekommt man für kein Gold auf dieser Welt.

Zum dicken Ende...

Und als Kunibert dann auf der Bahre lag,
bemüht seine schwarze Seele reinzuwaschen,
da wurde es ihm schmerzlich klar:

Das letzte Hemd hat keine Taschen.

Schauerlich geht es weiter...
Der reiche Ritter Opus 2

Der reiche Ritter Kunibert, ich glaub es war der
Neunte, er wär so gern ein Guter,
will nicht mehr foltern und nicht mehr morden.
Nur einmal noch denkt er, einmal ist kein mal und
was tut er ?
Er schändet und raubt, wie früher im Kreise seiner
Horden.

Und wie er dies gedacht und auch getan,
hört er von weitem wie der Teufel lacht,
Kunibert du Schweinehund komm in die Hölle,
hier geht es rund.

Da gibt es Wein, Weib und Gesang,
auch Reichtum gibt es im Überschwang,
zögerst Du wegen dem Höllenhundgebelle ?
Komm sei ein Mann, komm über meine Schwelle.

Dem Kuni, dem Neunten wurd's da aber bange,
zu viel des Guten, das geht nicht lange,
Er ist kein Dummer und er weiß,
alles im Leben hat seinen Preis.

Doch trotzig will er es noch einmal wissen,
zieht den Dorn aus seinem Gewissen,
In altgewohnter Weise und rüpelhaft,
so wie er es bis hierher hat geschafft.

Aber wer weiß, wer weiß...

Denn wie gesagt, das wird nicht lange gut gehen,
er kann auf einmal auch kein Blut mehr sehen.
Gern wäre er jetzt anständig und brav,
geduldig wie ein Weideschaf.

Edel möchte er werden, neu beginnen,
doch der Zahn der Zeit bohrt tief in seinem Innen.

Der Teufel siegt am Ende im Kampf um seine Seele,
zögernd folgt er dem satanischen Befehle.

Für jede Missetat aber bekommt er ein Jahr mehr,
Wein, Weib und Gesang waren nur teuflisches
Begehr.
Er bereut sein Tun jetzt doch auch ehrlich und
spricht: Böse sein, das lohnt sich nicht.

In der Hölle wird er bleiben bis in die Ewigkeit,
jetzt kann er über sein wildes Leben nachdenken,

Jetzt hat er Zeit.

Akt ist Fakt

Malt der Maler sein Modell ganz nackt,
spricht er in der Regel von einem Akt.
Wenn beide nach der Arbeit auf dem Diwan
liegen, sich lustvoll aneinander schmiegen,
ist er ebenfalls ganz nackt,
auch da spricht man von einem Akt.

Eine Theaterszene ist ebenfalls ein Akt,
nur bleibt man da noch in der Robe.
Doch geht's danach in Richtung Himmelbett,
da ist man nackt erst ganz komplett.

Der Dirigent schwingt seinen Stab im Takt
bis zur Erschöpfung im letzten Akt.
Und wenn man ihn einst in die Kiste legt
weiß er das war's, **und das ist Fakt.**

Die nette Henriette...

Jegliche Parallelen mit lebenden Henrietten sind rein zufällig...

Henriette ist ein hübsches Mädchen,
schwingt das Röckchen, beim Gang durch's Städtchen.
Wohlgeformt und blond vom Scheitel bis zum Po,
ein Bild von Weib, mit Sexappel uniso,

Verrenkt die Männerhälse im Handumdrehen,
jeder möchte mit ihr gehen,
man liebt sie die schöne, die nette Henriette.
Doch in ihren Kurven hat so mancher sich verloren
auch in ihrem Bette,
Was für ihn Liebe war, war stets nur Spiel für die
nette Henriette.

Dann traf sie einen Mann wie aus dem Bilderbuch,
ein richtiger Verführer, sie erlag seinem Charme
schon beim ersten Versuch.

Doch er war aus dem gleichen Holz geschnitzt wie
sie und sprach, ich mach mich jetzt aus dem Staube,
Du nette Henriette,
bei mir kommst Du nicht unter die Haube.

Es kam kam ein ganz einfacher Mann, sie zu freien,
mit ihm träumte sie von Familienglück,
und bald schon waren Sie zu Dreien.

Wie schön, lies weiter...

Die wilde Zeit, sie war vorbei, jetzt war sie eine richtig **nette Henriette.**

Frivol

Wie frivol ist's mir am Abend,
so ähnlich heißt es in einem Lied.
Das dir sagt es ist die Zeit,
für etwas Zwischenmenschlichkeit.
Vergiss mal Stress und Alltagssorgen,
vergiss den bangen Blick auf Morgen.
Gib der Liebe eine Chance
sie ist nicht nur platonisch,
nein, im Tiefsten ist sie doch erotisch.
Es liegt in unseren Genen,
geliebte Menschen zu verwöhnen.
Streicheleinheiten lassen schweben,
so lebst du ein erfülltes Leben.
Es sind im Bauch die Schmetterlinge,
ein Gläschen Sekt, verrückte Dinge,
auch Frivolität im Liebesspiel,
so kommst du zum ersehnten *Ziel*.

Schlussfolgerung:

Zum Liebesleben ohne Tabu
gehört Frivolität dazu.

Holz vor der Hütte...

Von hinten hält ein BH den Busen, sonst fällt er
vorne aus den Blusen.

Da lacht das eine Männerauge,
das andere schaut diskret zur Seite,
bei einer solchen Augenweite.

Es strecken maskuline Gene,
sich hin zur holden Weiblichkeit
und so manche Schöne ist durchaus
dann auch zu viel mehr noch bereit,
es ist der Punkt, da stört der BH doch sehr.
Man braucht ihn jetzt für eine Zeit nicht mehr.

Nach dem Liebesakt,
wird wieder eingepackt, was Männerherzen
so begehren.

Der Busen ist der Frauen Zier,
ist im Vergleich zur Männerbrust,
nicht nur zum Schauen, die wahre Lust.

Der Bodybuilder

Von riesigen Muskelbergen umgeben,
lebt er ein recht einsames Leben,
Vitamine, Kalorien, Proteine.
bestimmen seinen Tag,

Begleiten im Schlaf wohl seinen Traum,
Zeit für die Liebe hat er da kaum.
Hanteln stemmen, Gewichte drücken,
Muskeln bilden in den Schultern und im Rücken.

Sein Bizep schwillt, es platzt sein Hemd,
bloß im Kopf da hat er wohl etwas verpennt.

Das was Frauen an den Männern lieben,
ist reger Geist statt Muskelshow,
ist Intellekt und Witz geblieben.
Kein Rambotum und kein Macho.

Unsere Frauen wollen in Liebe sich ergeben,
sich als süße Last auf Händen tragen lassen.
So manches Kilo der geliebten Frau
formt ganz von selbst die Muskelmassen.

Sexappel

Schöner Körper, knappes Leibchen
ziert so manches junge Weibchen.
Keine Ahnung, von Algebra und Vokabel
ein Pircing schmückt sehr oft den Nabel.
Von Intellekt sehr weit entfernt,
eines hat sie doch gelernt,
schöner Busen, lange Beine
Haare hinunter bis zum Po
macht die Männerherzen froh.
Und was man auf Matratzen tut,
ersetzt so manchen Doktorhut.

Schlussfolgerung:

Hast Du im Kopf nicht viel,
vertrau auf deinen Sexappel.

Freund Hein

Hörst Du, es klappert sein Gebein,
ich glaub es klopft, es ist Freund Hein.
einen Knochen, wohl in jeder Ecke
schwingt er die Sense, und sein Begehr,
erschreckt Dich bis auf's Mark doch sehr.

Von Ewigkeit zu Ewigkeit grinst sein Gesicht,
doch freundlich ist das Grinsen nicht.
Er will Dich holen in sein Reich
Dorthin, wo alle Menschlein gleich.

Das ist dann vom Hein die gute Seite,
dass er Dich am End befreite
von allem Erdenschmerz,
sieh, zwischen seinen Knochen
schlägt doch ein weiches Herz.

Er würde so gerne bei Dir bleiben,
mit Dir seine Zeit vertreiben.
Doch von Neuem ruft die Pflicht
bleiben kann er bei Dir nicht..

**Aber schwerelos und engelsgleich,
schwebst Du hinauf in's Himmelreich.**

Wenn der Sensenmann dreimal klingelt...

Man radiert ihn gerne aus dem Leben,
und würde Vieles dafür geben,
ritt er zuletzt ein Häuschen weiter,
der unheimliche schwarze Reiter.

Unwillkürlich blättert man im Buch seiner Sünden,
was da alles steht, das kann doch nicht sein,
dein Gewissen war stets gewaschen und rein.
Er wird suchen, aber er wird nichts finden.

Hast Du gedacht, Du Menschlein Du,
er bringt Dich doch zur letzten Ruh.
Ob dick ,ob dünn, ob arm, ob reich.
Für ihn sind alle Menschen gleich.

Nur die ganz Bösen, die Gesetze und Regeln
missachten, führt er vorbei an der himmlischen Pforte,
für die ist kein Platz an diesem friedlichen Orte.
Für die geht es hinunter wo es schwefelt und stinkt,
wo der Wächter mit dem Pferdefuß winkt.

Oh es geht noch weiter...

Wo es die Liebe nicht gibt, die diese Menschen
auf Erden mit Häme bedachten und über Ihren
Spott auch noch laut lachten.

Erkennt aber einer sein Missetum und bereut es
ehrlich, bekommt er eine Chance, doch der Weg
zurück ist sehr beschwerlich...

Am Ende aber strahlt ein heller Schein,
in sein (hoffentlich) neues Bewusstsein. –

So wird aus Reue, – Treue

Angel

Wer möchte nicht schon auf Erden ein Engel sein,
so eine Lichtgestalt, so fein.
Von allen Mitengeln innig geliebt,
wie es sonst nur in der Phantasie geschieht.
Ein Engel ist schön, so möchtest Du werden,
könntest fliegen weit über die Erden.
Das Böse würdest Du nicht kennen,
schweben dort, wo andere rennen.
Liebe schenken, gütig sein,
umgeben stets von hellem Schein.
Weitab von Erdenlast die drückt,
Hosiana singen ist Dein Glück,
Tu es mit Gefühl, und nicht wie der Alosius,
der ob seiner Grobheit zurück zur Erde wieder muss,
Nein Grobheit will man bei Engeln nicht haben,
beim Harfen und am Manna laben,
Das alles ist Vollkommenheit, doch bedenke,
nichts genaues weiß man nicht,
um allerhöchste Gunst zu erwerben,
musst Du hier erst einmal sterben.

Der Clown und sein Spiegelbild

Ich träumte da neulich einen seltsamen Traum,
sah mich mitten in einem Zirkuszelt,
mit roter Nase und breitem Mund, war ich ein Clown,
und die Manege, das war meine Welt.

Alez Hopp, -- so tapste ich scheinbar drollig herum,
und fiel ich in den Staub, -- mit dem Gesicht voraus,
da lachte ganz laut mein Publikum,
und ich hörte ihren jubelnden Applaus.

Ich strengte mich an, die Menge war voller Verlangen,
tat ich mit weh, sah keiner den Schmerz,
der die Tränen trieb, auf meine Wangen,
dies zu erkennen, traf mich tief in's Herz.

Da entdeckten meine Augen ein lachendes Kind,
so fröhlich und voll unbeschwerter Heiterkeit,
das hat mich wieder froh gestimmt.

Am Morgen erwacht, wollt ich in den Spiegel schau'n,
ich glaube, ich traute meinen Augen nicht,
In meinem Spiegelbild, erkannte ich den Clown,
der ganz ungeschminkt, mir sah in's Gesicht.

Alles Schnee von gestern...

Wir fuhren Schlitt auf scharfen Kufen
wir fuhren Schlitt im tiefen Schnee.
Bis zur Erschöpfung erst Hang rauf, dann wieder runter,
unsere Welt erschien mir viel, viel bunter.
Wir hatten kein Handy und auch keinen PC.
Und es schneite auch noch so richtig Schnee
Wir hatten keine kalten Füße,
die Socken waren selbst gestrickt,
unsere Omis waren da sehr geschickt.
Das alles ist doch Schnee von gestern,
so hört man heute die Menschen lästern.

Im Friedwald

Machst Du einmal die Augen zu,
im Friedwald findest Du Deine Ruh.
Per Luxuskarosse wird Deine Asche dorthin gekarrt,
und dann im Wurzelwerk verscharrt.

Durchs Dickicht stolpert eine bunt gewandete
Trauerschar, alles ist anders, als es mal war.
Tante Trude verstaucht sich ein Bein, das Rechte.
Aber das ist noch nicht einmal das Schlechte.

Onkel Friedrich schimpft, wie soll ich den Baum je
wieder finden,
der ist ja tief im Wald, da ganz weit hinten.
Musik plärrt aus der Konserve herum,
die Vöglein im Walde bleiben da lieber stumm.

Da liegst Du nun gemahlen und geschrotet
von anderen Blechdosen umringt.
Einer dudelt zur Feier, einer singt,
Die Worte des Redners, bestimmt sehr schön,
verhallen im Bundesstraßen Motorengedröhn.

**Wie feierlich doch diese hörbare Stille,
nur von Westen her, da riecht es nach Gülle.**

Der Bestatter

Denkst Du zur Lebenszeit einmal an später,
an ihm kommst Du nicht vorbei, dem Pietäter.
Er nimmt Dir ab, so viel er kann,
am liebsten Geld, für den Tag X
hast Du kein's, gibt es ja bekanntlich nix.
Ist es dann soweit, beginnt er mit seiner Tätigkeit.
Er holt Dich ab, legt dich stimmungsbedingt
mal sanft, mal mit einem Plumps in die Truhe.
So, jetzt hast Du Deine Ruhe.

Er parfümiert und pudert Dich,
so schön warst Du doch früher nicht.
Dann zieht er Dir ein Hemd an,
Du konntest es zu Lebzeiten nie leiden.

Du hast aber keine Chance, er ist der Lebendigere
von Euch beiden.

Die Abschiedsfeier wird akribisch geplant,
ein Gespräch mit dem Pfarrer, dem Redner angebahnt.

Als Musik wählt man irgend ein CD Geleier.
Da krächzt der Gaballier, oder der Wunsch ist Klassik für
die Feier.

Hier geht es zum guten Schluss...

Das alles ist Bestatters Pflicht und er bleibt sich treu,
Oh, wie ich mich auf meine Beerdigung freu...

Reserviert

Bist du hungrig und durstig unterwegs,
allein, zu zweit oder zu viert.
Da endlich ein Wirtshaus,
doch alle Tische sind **reserviert.**

Der Wirt sagt dir das recht barsch,
nur für Stammgäste,
du denkst leck mich am A...

Doch es plagt dich der Hunger
und es quält der Durst.

Zur Krone heißt das nächste Ziel,
doch schon beschleicht dich ein flaues Gefühl,
mit einem Zettel auf den Tischen wirst du abserviert
alles reserviert.

Weiter geht die Suche
nach etwas zum Essen, oder zu trinken
und ein wenig zu ruhen,
da, ein großer Biergarten,
du kippst fast aus den Schuhen,
denn der Eingang ist mit einem Plakat verziert
jetzt rate mal was da drauf steht.
Reserviert.-

es geht weiter...

Reserviert hier, **reserviert** dort
was soll denn das,
wo bleibt da die gemütliche Gastlichkeit,
das gute Gefühl und auch der Spaß.

Sich auch einmal mit netten Leuten unterhalten,
mit jungen, und doch auch mit Alten,

So war die kleine Kneipe, wie wir sie von früher
kennen. Jeder Gast war da gern gesehen,
und ich muss gestehen, jede Entwicklung
hat ihre Zeit aber sie war einfach schön,
die gastliche Vergangenheit.

Reserviert
oder es kommt noch schlimmer...

Über den Tag X weißt du so gut wie nix.
Ich denke jetzt mal ein Stück voraus,
wie es wohl sein wird, geht dein Licht hier mal aus.

Freund Hein wird dich befreien von der Erdenlast,
bringt dich hinauf wo alles leicht ist,
wo du keine Schmerzen hast.
Aber da kommst du nicht so einfach rein,
du musst schon angemeldet sein.

An allen Pforten zur Liebe und Glückseligkeit,
hängt ein Schildchen zum Lesen bereit.

Reserviert liest du da im Glockengebimmel,
Und du dachtest schon, du bist im Himmel.

Zieh eine Nummer, na das kennen wir schon,
dann trittst du vor den himmlischen Thron.

Tut uns leid wir sind gerade voll besetzt,
versuch es doch mal ein Stockwerk tiefer,

gesagt, getan...

Doch am Höllentor steht, **Reserviert**
hier kommt nur rein wer etwas schmiert.

Na gut, wenn dich hier auch keiner haben will,
dann geh zurück in die irdische Welt und sei still.

Doch am Eingang hängt jetzt eine Tafel,
darauf steht, du liest es pikiert:
Reserviert.

Darum hier ein Rat zu Lebenszeit,
der gilt auch für die Ewigkeit.
Log dich ein, melde dich an,
laß dich durchleuchten, auf Teufel komm ran.

Hauptsache du bist registriert,
Dann ist auch **dein** Plätzchen im Himmel
reserviert.

Die Laus

Sie wuchs heran als schöne Laus
sie krabbelt hier, sie zuzelt dort,
hatte nie Gewissensbisse,
Menschen piksen ist für sie Sport.

Der schönste aller Lauseriche
wurde dann ihr Ehemann,
wollte sie auf Krabbelfüßchen tragen,
mit ihr zusammen die Menschheit plagen.

Doch sprach die Laus zum Lauserich,
ich will nicht mehr, verstehst du mich ?

Hab genug von dem Blutgesauge,
von Menschen die uns hau'n auf's Auge.
In Frieden möcht ich endlich leben,
möchte nicht mehr in Hautfalten kleben.

Ich wandere aus, fress grüne Blätter,
bin an der Luft, lass es mich so sagen,
komm Lauserich wir woll'n es wagen.

Ab sofort leben wir als Frau und Herr Blattlaus,
bauen uns im Apfelbaum ein schönes Haus.

Da findet er uns nicht, der Kammerjäger Walter,
geruhsam wird dann unser Lausealter.
So haben auch die Menschen wieder Spaß,
sind befreit vom lausigen Aderlass.

Gefühlswelt

Es sind so viele Gedanken,
die sich um Dein Leben ranken.

Mal sind sie voller Freude in die Zeit,
mal macht der Missmut sich in Dir breit.

Dem Einen öffnest Du gern das Tor,
den Anderen lässt Du lieber außen vor.

Doch bedenke, dass das Eine zum Anderen gehört,
so wie es das Leben dich ständig lehrt.

Beide prägen deine Persönlichkeit,
Sie machen deine Seele weit.

So bist du mehr als nur Schablone,
bist Mensch, der Schöpfung edle Krone.

Über das älter werden...

Früher war's die Pracht der Haare,
doch die schwand im Lauf der Jahre.

Früher war das Muskelspiel,
Teil von Mannes Sex Appel.

Früher hieß es „ Vivat Potente"
heute eher lahme Ente.

Früher war's ein reger Geist,
der sich durch graue Zellen beißt.

Heute sind es die Gedanken,
die um manche Mär sich ranken.

Früher war die Haut schön glatt,
dort wo's heut nur Runzeln hat.

Geld verdienen das war klasse,
heute ist's die Rentenkasse.

Etwas bewegen, immer auf dem Sprung,
geblieben ist Erinnerung.

und weiter geht's, immer weiter...

Doch schön ist das Leben zu jeder Zeit,

das jetzt und hier, die Vergangenheit.

Man muss nur die Möglichkeiten sehen,
und im älter werden auch verstehen
Alter, Jugend, Jugend, Alter,
alles ist doch recht gemacht.

Milde lächelnd schaut man zurück,
Auch das Alter ist ein großes Glück.

Der Pianist

Es pianiert der Pianist,
nicht nur die Werke von Franz Liszt,
auch von Brahms und das ist das Schöne
intoniert er irgendwelche Töne.

Entrückt streichelt er über die Tasten,
die weißen und die schwarzen,
ganz verliebt ist er in sein Spiel,
und was er spielt, er tut es mit Gefühl.

Doch ab und zu reitet der Teufel ihn,
er hat genug von harmonischen Harmonien.
Dann will er was Modernes machen,
Liebesschnulze hin bis Rock,
und er lässt es richtig krachen.

Bis sein Flügel, Flügel kriegt,
er ist dabei, da fliegt er mit.
im Himmel oben angekommen,
singt ein Engelchor von Notenlisten,
die Werke seiner alten Komponisten.

Die lange schon gestorben sind,
doch er freut sich wie ein Kind,
das Liszt und Brahms und viele mehr
den Himmel mit Musik erfüllen,
denn der wäre ja sonst leer.

Frühjahrsputz

Jedes Jahr zur Frühlingszeit
stehen Sauger, Besen und Wischmop bereit.
Erwachen aus dem Winterschlaf,
tun mit Eifer, das was man jetzt muss, nein darf,
kehren, moppen, saugen, wischen,
ich fühl mich nicht ganz wohl dazwischen.

Meine Frau hat diesen sonderbaren Blick,
der sagt Arbeitswut ist jetzt ihr Glück.
Keine Chance hat der Staub, der Dreck,
wird er erblickt, gleich muss er weg.

Hier wirken gebündelte Gene voller Kraft.
Möbel werden hin und her geschafft.
Und dann es ist wie das Sahnehäubchen,
Sie sieht das winzigst kleinste Stäubchen.
Das wird entfernt und zwar sofort,
Hier und da und da und dort,

Mit roten Bäckchen schwebt sie durch die Zimmer,
so wie jedes Jahr, und so wie immer.
In all dem Chaos und da wundert man sich.
Ist ein System verborgen wunderlich.

Munter geht es weiter...

Jedes Jahr, wenn es beginnt draußen zu blühen,
erwacht in der Frau die Lust sich zu mühen.
Es wurde den Frauen so in die Wiege gelegt,
und wenn es Zeit wird, gehst Du lieber aus dem Weg.

Auch Deine Frau fällt abends todmüde in ihr Bett,
mit Gedanken der Freude schläft sie ein.
Zwei Tage noch, dann ist der Frühjahrsputz komplett.

Wie schön kann diese Welt doch sein.

Trari, trara die (Flaschen)post ist da...

Wollte mal eine Nachricht senden,
zum anderen Ende unserer Welt,
das ist richtig teuer und kostet viel Geld,
Da kam mir die Idee, nimm die Flaschenpost.

Ich transportiere meine Grüße übers Meer,
bin schlau, das kostet nichts,
egal wie groß der Brief ist oder wie schwer.

Zuerst muss ich was zum trinken besorgen,
(Ich brauch ja eine Flasche)
ich kaufe eine, leider mit viel zu kleinem Korken
die nächste wird dann auch noch geleert,
doch noch ein bisschen größer wäre bestimmt
nicht verkehrt.

Aber auch da bin ich mir nicht sicher.
Noch einmal wanke ich zum Getränke Shop,
man empfängt mich schon mit albernen Gekicher.
Egal, her mit der Pulle und dann auf See.

Mit weitem Schwung werfe ich das gläserne Ding,
leicht schwankend, Gott sei Dank, der Brief ist fort,
aber welch ein Schreck, mein Daumen steckt noch in
der Flasche drin,
Ich rufe mit leicht getrübten Blick,
„ab die Post."

Nur eine Flasche bleibt zurück.

Ohne mein Handy sage ich gar nichts...

Wenn ich nicht weiß, wo ich geh und wo ich steh,
schau ich auf mein Handydisplay.
Da steht es schwarz geschrieben oder bunt.
Ohne mich bist du ein armer Hund.

Du weißt nicht rechts, du weißt nicht links,
ohne dieses verflixte Dings.
Du daddelst dich durchs Appgestrüpp,
das ist in, da musst du mit.

Welche App führt dich von A nach B,
von der Goethe Straße zur **Allee?**
Die App ist aber nicht geladen.

Nicht gefunden wird da angezeigt,
du schaust nach oben und fühlst dich geohrfeigt.
Allee steht **da** auf dem Schild deutlich zu sehen,
das soll doch einer noch verstehen.

Dein Handy kann es dir nicht erklären
es hat keinen Verstand,
denn **der** würde dich führen mit **sicherer** Hand.

Was weißt du schon vom brutal harten
Arbeitstag eines Bürokraten...

Vom Schreibtischsesselputzer bis hin zum Rat,
er bleibt sich treu, der Bürokrat.
Erlässt der Rat in der oberen Etage einen Erlass,
wird man unten im Zimmer drei, so jäh aus seligen
Büroschlaf gerissen,
vorbei die Ruhe, man dienert beflissen.

Welches Formular soll man dem Chef jetzt bringen?
Wie viele Durchschläge, da hilft kein Händeringen.
In rekordverdächtiger Eile kriecht man die drei Stufen
hinauf zu dem, der dich gerufen.
Und wieder zurück auf gleicher Spur,
bis hinunter in die Registratur.

Die Akte Meier gegen Meier wird gebraucht.
Auch wenn das Kriechen ganz schön schlaucht,
die Vesperpause hat er auch verpasst.

Doch tapfer wie alle Kolleginnen und Kollegen,
opfert er mutig und selbstlos selbst sein Leben.
Wieder klopft es an die Tür, da braucht einer einen
Stempel, da auf Blatt vier.
Und das alles an einem Tag, und ohne Rast,
tapfer trägt er Arbeitsbürde und die Last.

Das hat er nun davon, bitte umblättern...

Heute war das viel zu viel, ihm schwinden die Sinne.
Auf seinem Grabstein wird man lesen:
**„Im Dienst erschöpft verschieden,
er ist ein Held gewesen."**

Die wahre Größe eines Menschen lässt sich nicht in Zentimetern messen...

Ein Zwerg läuft Marathon

Es ist doch riesig, sinnierte ein Zwerg,
dass ich so klein bin und machte sich ans Werk,
Marathon zu laufen mit den Großen,
die Großen, mit den großen Hosen.
Sie hämen und spotten den kleinen Mann,
nicht wissend, wie der laufen kann.

Doch als der Startschuss fällt, fällt es wie Schuppen
von den Augen der Großen, den Großen mit den
großen Hosen.
Wie eine Rakete saust der kleine Mann,
kein anderer kommt da an ihn ran.

Über Stock und Stein, durch's Tal und über'n Berg
überholt er alle, der kleine Zwerg.
Bis der erste Große dann mühsam das Ziel passiert,
hat sich der Kleine schon frisch gemacht und rasiert.

Schlussfolgerung:

Und das ist wichtig,
denn zur Siegerehrung kommt man fein.
*Jeder Große möchte jetzt so gern das **Zwerglein** sein.*

Apropos große Hose, das fällt mir doch ein:

Fast eine neue Hose...

Der Tag war schön, die Luft war lau,
lud zum süßen Nichtstun ein,
da plötzlich sagte meine Frau,
Deine Hosen, man kann sie nicht mehr sehen,
wir werden Eine kaufen gehen.

Mich graust es bei dem Gedanken an stickige Kaufhausluft,
noch schlimmer wird es in der Anprobekammer,
ich fühle mich gefangen in dieser Gruft,
Feuchte Hände, es hilft mir niemand und kein Gejammer.

Meine Frau schleppt Berge von Hosen an,
da muss ich durch, jetzt sei ein Mann.

Zu eng, zu lang, zu breit, zu kurz,
Jetzt verstehe ich den Sinn von einem Lendenschurz.

In dem fühlte ich mich bestimmt sehr wohl,
nichts kneift, nichts zwickt,
zum Anziehen ist er auch sehr geschickt.

Das Problem ist nur, wie sag ich es meinem Weibe,
das ich am Liebsten beim Lendenschurz bleibe.

Oder ? - ?

Doch Spaß beiseite, das Lendentuch wird es
wohl nicht,
wir verschieben einfach den Hosenkauf,
das heißt Verzicht.

**Aus der Traum, für heute vorbei,
die Alte ist ja schließlich auch noch wie neu.**

Sehnsucht nach Meer, nach viel, viel mehr...

Das Meer, FKK, große und kleine Fische...

Meer, Du unheimlich tiefes Wasser,
springt man hinein, ist man noch trocken
entsteigt ihm aber meist als Nasser.

Es ist sehr tief, oft ist es blau
oben sind die Wellen,
unten ist so mancher Bau,
für Raub und auch für andere Fische,
die gedacht sind, für die Küche.

Mitten dann im Meer ein großer Haufen Dreck,
erfüllt als Insel seinen Zweck.

Der ist, zu beherbergen eine illustre Schar,
die nackt und bis ganz ausgezogen,
Männlein, Weiblein, schicki, micki,
um sich dort mal richtig auszutoben.

Das nennt man Urlaub FKK
Wer angezogen ist, der ist nicht in,
nur nacket ist man mittendrin.
Aber auch die Insulaner früh'rer Jahre
trugen ja nichts am Körper außer Haare.

Auf dem Meer fährt auch so manches Schiff,
ein anderes liegt als Wrack am Riff.

Schwimmen kann man auch im Meer,
doch weiter draußen strömt es sehr,
der Golfstrom sich durch tiefes Wasser wühlt,
dort sollte man nicht plantschen,
schnell wird man um die Welt gespült.

Zum Schluss, da wäre noch der Hai,
Räuber, Jäger, Mörder und Gigant,
Keiner kommt an dem vorbei,

Man sieht ihn lieber in der Ferne,
denn ist er plötzlich Dir ganz nah,
helfen Dir keine Psalmen,
keine Heiligen und keine Sterne.

Der Hai der sieht recht hungrig aus,
er sieht Dich schon als Mittagsschmaus,
Da mach Dich lieber aus dem feuchten Staube,
dann ist auch Schluss und aus die Laube, –
genug für „Hai't."

Schlussfolgerung:
Ich glaube, es wird auch langsam Zeit
weil jeder der jetzt vom Meere spricht,
so richtig schlau ist und gescheit,
dank dem Dichter und seinem Gedicht.

Den Alltag fürchtest du oft zu Unrecht, erfahre hier mehr...

Alltag

Du kommst nicht richtig in die Gänge,
dich graust der Alltag und die Zwänge.
Frei möchtest du sein, wie ein Vogel fliegen,
schön ist es aber auch im Bett zu liegen.

Da träumst du still von besseren Jahren,
die auch nicht immer besser waren.
Am besten du entfleuchst deiner Bettstatt
und schaust, was der Tag zu bieten hat.

Da ist der **Morgen,**
zunächst noch voll gepackt mit allen Sorgen.
am **Mittag,**
hast du schon viel vergessen von der Plag,
am **Nachmittag**
die blaue Stunde, lädt ein zu einer Kaffeerunde.

Der **Abend** dann,
stolz schaust du zurück was du geschafft hast
bist wie befreit, von einer Last.

Ein kleiner Flirt, ein Gläschen Wein,
so wird dein Alltag **nicht alltäglich** sein.

Ein bisschen „denglisch" darf schon sein, oder ?

Night Shadow

Dunkel wird es in der Au,
die Sonne schickt ihr letztes Licht,
der Horizont wird langsam grau,
Wohin der Weg, wir wissen es nicht.

Das ist der Reiz vom Abend, von der Nacht,
Im unendlich Dunkel liegt eine Macht,
Befreit uns von den Tagessorgen,
Und dämmert dann herauf als Morgen,
Nebelschwaden tanzen ihren Reigen,
Wollen uns neue Wege zeigen.

Folge ihnen, zögere nicht,
Sie bringen Mut zur Leichtigkeit und Freude,
In jedes Dunkel fällt ihr Licht
Sie verzaubern das Gestern in ein **Heute**.

Größenwahn

Ich bin der Größte, schrie schon der Ali,
da war er noch der **Cassius Clay,**
bereits schon damals eine Koryphäe.

Nun er hat bewiesen, seine Kämpfe
gewann er nicht nur mit dem großen Maul.
Sein Stil verblüffte alle Schwergewichte.
So ging er ein in die Geschichte.

Auch der **Donald,-- Trump** wird er genannt,
rannte oft mit dem Kopf durch eine Wand .
Der Titel „Mister Präsident" hat ihn verwirrt
total im Größenwahn verirrt.
Das war nicht gut, so durfte es nicht bleiben,
die Antwort darauf heißt **Joe Biden.**

Das sind Gedanken vom Literaten, beim dichten
und vom Größenwahn der findet sich in allen
Schichten.
Gerade kleine Möchtegern Gehirnathleten
wollen sich schnell nach oben treten,
sind über Nacht vom Größenwahn besessen,
aber genau so schnell auch wieder vergessen.

Wenige bleiben wirklich beständig
sind resistent gegen Größenwahn,
bewähren sich in ihrem Tun,
hören noch auf ihr Gewissen,
das leise sagt: **Yes, we can.**

Schieberei

Du kommst zur Welt, bist winzig klein,
man setzt Dich in ein Wägelein,

Denn laufen kannst, oder willst Du noch nicht.
du hast zwar schon zwei stramme Beinchen,
doch Du bist ein schlauer Wicht,
lässt Dich lieber schieben, wo andere laufen,
die beim Schieben dann so mächtig schnaufen.

Als Jungspund dann, dealst Du hier ein bisschen
dort ein bisschen.
Auch das ist schieben, das sollst Du wissen,
dann schlägt ganz heftig Dein Gewissen,
Du schiebst die Jugendsünden weg,
das ist schieben für den guten Zweck.

Hast dann einen festen Platz im Leben,
kannst auch Anderen davon abgeben.
Hast Dir alles fein zurecht geschoben,
am Ziel angelangt bist Du ganz oben.

Doch irgendwann neigt sich dein Horizont,
vieles will nicht mehr so recht,
das Laufen fällt Dir schwer,
ein Rollstuhl wäre jetzt nicht schlecht.

Schau'n mer mal weiter...

Mit dem schiebt man Dich durch den Rest
Deiner Tage,
zuletzt schiebt man Dich auf einer stabilen Trage,
Holzummantelt zur letzten Ruh.

Ausgeschoben, aus und Deckel zu.

Schwarz, rot, grün oder gelb, wer regiert denn jetzt die Welt ?

Alles Politik... aber nicht mit mir...

Ein Mann hat die Mitte erreicht im Leben,
es hat ihm schon so viel gegeben,
jetzt reizt ihn die Politik.
In der Gemeinde, im Land und in der Republik.
Sein dunkler Anzug wird etwas aufpoliert,
dann wirkt er nicht so antiquiert.

Auf höchster Ebene dann angekommen,
wird ihm der Schneid gleich abgenommen,
betritt er den Plenarsaal mit großen Schritten,
mit Mut und mit Entschlossenheit,
zu reden und zum Handeln bereit,

Was er aber da sieht, es lässt ihn erschrecken,
wie will er hier das Denken der Demokratie wecken?

Zwischen Rednerpult und der hinteren Bank...
gähnende Leere,
die Hälfte der Abgeordneten ist ja dauernd krank,
oder sie sind verstrickt in die eine, oder andere
Affäre.
Denn gerne geht man auf Abwegen, auf verbotenem
Pfad.

Und sonnt sich auf Volkes Kosten in einem
mondänen Bad.

Das Beste kommt noch, blättere einfach um...

Oder sitzt dann heuchelnd wichtig in irgendeinem
Ausschuss,
um über einen Parteifreund zu richten, man nennt
das „Legitimer Ausschluss."

Ein Kopf muss rollen, um gängige Praxis
unter den Tisch zu kehren, zu vertuschen,
das eigene Image schändlich aufzupuschen.

Nein sagt da der Mann, nicht mit mir,
ich habe ein Gewissen,
hat mich auch oft der Teufel gebissen,

Aber so kann ich nicht leben, finde kein Glück
Ich habe genug jetzt von der Politik.

Don Pedro
der stolze Grande

Don Pedro ist ein stolzer Grande,
von edlem Wuchs und edlem Stande.
Doch edel ist sein Tun oft nicht,
ist er doch ein rechter Wicht.

Freiwild, sind für ihn die Damen,
die zu seinen Festen kamen.
Erst im Himmelbettchen merkten sie,
Er ist ein primitiver Lüstling, der Grande,
der Grande von edlem Wuchs und edlem Stande.

Mit Grandezza führt er den Degen,
bei Duellen auf einsamen Wegen.
Er nimmt dem Gegner sein Hab und Gut,
nicht selten sein Leben.
Plündert ihn aus, das nennt er Mut.

Grandios, wie er den Sombrero schwingt,
mit einen Zug den Vino austrinkt...
Er glaubt schon er ist der Größte von den Granden,
doch er hatte da wohl was falsch verstanden.
Auch die Granden müssen sich benehmen,
sonst sollen sie sich auf ewig schämen. Ole'

Das Leben ist eine Schlägerei

Kommst du zur Welt, kriegst du kräftig eins **auf den Hintern,**
so macht man das mit kleinen Kindern.
Der Gitarrist **schlägt** die Saiten von seinem Instrument.
Der Pauker **schlägt** die Lausejungen,
wenn mal einer pennt
Die Kinohelden **schlagen** kräftig zu,
in Krimis und in Western.
Die Köchin **schlägt** die Sahne,
sonst schmeckt die Torte wie von gestern.
Wenn der Winter an die Fenster **schlägt,**
der Papa dicke Socken trägt

Der **Augenaufschlag** einer süßen Maus
bringt deine Hormone aus dem Haus.
Die Turmuhr **schlägt** zur vollen Stunde.
Dann geht der Wächter seine Runde.
Ein Bettler **schlägt** sich durch mehr schlecht als recht
Das blaue Auge von einem Boxer, das ist echt.
Eine Rechnung **schlägt** zu Buche,
ein **Durchschlag** erleichtert die Suche

Einer mit Erfahrung ist vom **alten Schlag**, so sagt man, weiser Mann und weiser Bart.

74

Schlag dir das aus dem Kopf muss die Jugend oft hören,
schlagartig wird das die Stimmung zerstören.
Handschlag war beim Kaufmann Sitte.
Ehrlichkeit na bitte.

Doch **jedem schlägt** in unserer Runde,
eines Tags die letzte Stunde.
Wir möchten **nachschlagen**, wann es denn wär,
doch dafür gibt es kein Buch und keine Gewähr.

Schlussfolgerung:
Man könnte noch viele Seiten aufschlagen...

WWW
Weisheit - Wasser – Wein

Trink Wasser aus dem Wassereimer,
den Wein aus der Karaffe.
So mancher macht es andersrum
und wird davon ein bisschen dumm.
Nimm von jedem nur etwas
dann hast Du auch das richtige Maß.
Das Wasser ist für die Nieren gut,
der Wein die Seele leise streichelt.
Wasser löscht heiße Liebesglut,
als Tröster, ein Gläschen Wein, das schmeichelt.
Wasser fällt gern vom Himmel als Regen,
ist nicht nur für den Rebstock ein wahrer Segen.
Aber so unterschiedlich Beide doch sind,
so macht es Sinn wenn man von beiden trinkt.

Inhaltsverzeichnis:

Inhaltsverzeichnis:

Inhaltsverzeichnis:

Nun ist aber Schluß...
aus...
vorbei...
Feierabend...
End(t)e...
oder soll ich doch ?

Nein !!!

Also bis zum nächsten Mal...

In eigener Sache

Der Autor **Hans Poppitz** von seinen Freunden gerne HAPO genannt, wurde mitten im Krieg geboren..
Das heißt er blickt auf ein ereignisreiches Leben zurück.
Ein Leben in dem sich alle Facetten von Menschsein widerspiegeln.
In einen vorgefertigten Rahmen passt er nicht.
Schon während der Schulzeit war für ihn das geschriebene Wort in Poesie, Reim und Prosa wichtiger als mathematische Formeln und Gleichungen.
Für ihn war das Wort immer lebendig.
Seine Eltern waren musikalisch künstlerisch sehr begabt aber er spielte lieber mit der Faszination des geschriebenen Wortes.
So führte auch sein beruflicher Weg nach einer turbolenten Zeit der Selbstfindung in diese Richtung.
Er verwirklichte sich in der Selbstständigkeit, als Trauerbegleiter und Trauerredner.
In diesem Metier ist er bis heute aktiv tätig.
Gerade durch diesen an sich traurigen Beruf entwickelte er ein sehr sensibles Gespür für den feinen Humor.
Die Gabe Menschen und ihre Eigenheiten aus einem ganz besonderen Blickwinkel humorvoll zu betrachten haben ihn zu zu diesem Büchlein animiert..

Der Autor Hans Poppitz

CPSIA information can be obtained
at www.ICGtesting.com
Printed in the USA
BVHW041548111022
649147BV00005B/772

9 783756 863396